Sonja Reilaender

PLUS SIZE

SHOPPING-GUIDE

ÖSTERREICH

" ALS GOTT ADAM UND EVA AUS DEM PARADIES VERTRIEB, SCHENKTE ER IHNEN ZUM TROST DIE MODE."

Helen Court

„DIE AUSSENSEITE EINES MENSCHEN, IST DAS TITELBLATT DES INNERN."

Aus Persien

„DIE MODE BEREITET DER FRAU FREUDE, DEN KAUFLÄUTEN GLÜCK, DEM EHEMANN KUMMER. SO KOMMT JEDER AUF SEINE KOSTEN."

Unbekannt

„DIE MODE GESTATTET ES JEDER DAME AUFZUFALLEN, OHNE ALS DAME MISSDEUTET ZU WERDEN."

Sigmund Graff (1898 – 1979), dt. Schriftsteller und Bühnenautor

Sonja Reilaender

PLUS SIZE

SHOPPING-GUIDE

ÖSTERREICH

INHALT

ZEICHENERKLÄRUNG

Preiserklärung:

€ = günstige Preise (T-Shirts durchscnittlich 10-20 Euro, teilweise auch darunter)

€€ = Preis in Ordnung (T-Shirts durchschnittlich 25 bis 40 Euro

€€€ = gehobene Preisklasse (T-Shirts durchschnittlich ab 40 Euro

€€€€ = hohe Preise (T-Shirts durchschnittlich ab ca. 100 Euro)

Erklärung der Altersgruppen:

☺ = Für alle Altersklassen von ca. 20 bis über 50 Jahre

☺☺ = Kleidung ab ca. 20 (junge Mode)

☺☺☺ = Kleidung ab ca. 30

☺☺☺☺ = Kleidung ab ca. 40

☺☺☺☺ = Kleidung ab ca. 50 aufwärts

Preisempfinden, Geschmack und persönlicher Stil sind natürlich vollkommen unterschiedlich, weshalb es sein kann, dass Sie nicht meiner Meinung sind.

Die Richtwerte für Preise und Altersgruppen sind lediglich allgemein gehalten. Es empfiehlt sich zu Beginn einen Onlineshop für jedes Alter durchzusehen, um zu erkennen, welche Altersgruppe Ihnen am meisten zusagt.

ALLE RICHTWERTE SIND „AB"-WERTE! DAS GILT FÜR DIE PREISE WIE FÜR ALLE ALTERSANGABEN!

VORWORT

Kennen Sie auch dieses Problem? Sie gehen mit Freundinnen shoppen und im Gegensatz zu ihnen finden Sie kaum ein schönes, passendes Kleidungsstück. Auch alleine einkaufen gehen kann mehr deprimieren als erfreuen, dabei sollte Shopping Spaß machen.

Sie klappern unzählig viele Geschäfte ab. Sie freuen sich, wenn Sie ein Geschäft finden, das Kleidung in großen Größen anbietet. Aber selbst dann ergeben sich noch ein paar Probleme: Ihre Größe ist bereits ausverkauft oder die angebotene Kleidung entspricht weder Ihrem Alter, noch Ihrem Stil – von ihrem Budget ganz zu schweigen. Am Ende des Tages kommen Sie dann (mit etwas Glück) mit ein, zwei Teilen nach Hause, die Sie ganz in Ordnung finden (statt unglaublich schön und perfekt sitzend) und haben ein großes Loch in Ihrer Geldbörse.

Schon oft habe ich wenig gekauft und mich nachher gefragt wo das ganze Geld hingekommen ist.

Schlimmer aber ist es, wenn man mit Freunden (oder der Schwester) einen ganzen Tag in einem Einkaufszentrum verbringt und kaum schöne, passende Kleidung findet, während alle anderen ein hübsches Teil nach dem anderen anschleppen.

Die geringe Auswahl an hübscher Kleidung die zu meinem Alter passt und die noch geringere Auswahl an entsprechenden Geschäften hat mich mit den Jahren sehr deprimiert. Kann es sein, dass es uns so schwer gemacht wird? Immer mehr Menschen sind übergewichtig aber die Industrie scheint dies erst viel zu langsam zu bemerken.

Oft hört man, dass mollige Frauen nicht sexy sind, dass sie „Zelte" tragen und sich keine Mühe um ihr Aussehen machen. Das stimmt nicht! Meiner Meinung nach, ist das größte Problem molliger Frauen die falsche Kleidung. Wir sind sexy. Wir müssen uns nicht in Zeltgroße Shirts hüllen und wir können uns serwohl um unser Aussehen bemühen. Dafür brauchen wir allerdings die richtige Kleidung.

Um endlich zu wissen, wo ich Kleidung kaufen kann, die meinem Stil, meinem Geschmack, meinem Alter und meinem Geldbeutel entspricht, habe ich wochenlang recherchiert und meine Ergebnisse in diesem Buch festgehalten – für alle, die das gleiche Problem haben wie ich.

In diesem Buch finden Sie nicht nur Shops und Onlineshops für Männer und Frauen, sondern auch Shops, die Ihnen Brautmode und Abendmode bieten. Ebenfalls finden Sie Geschäfte mit Dessous in großen Größen und Outdoorkleidung sowie großen Schlafsäcken – damit dem nächsten Camping nichts mehr im Weg steht. Suchen Sie Schmuck für breite Unterarme, dicke Finger oder einen dicken Hals? Auch das ist kein Problem – geanauso wie extra starke Betten und Gehhilfen. Alles, was Ihr Herz begehren könnte, finden Sie unter Hilfe für den Alltag.

Ich wünsche Ihnen viel Spaß beim durchstöbern dieses Buchs und noch mehr Freude beim nächsten Einkauf.

HAUPTÜBERSICHT

Shop	V=Versand B=Boutique	€	€€	€€€ + €€€€	☺ + ☺☺	☺☺☺	☺☺☺☺ + ☺☺☺☺☺	Seite
12XL Shop	V		X		X			16, 64
3 Suisses	V			X	X	X		20, 67
A								
Adler	V, B					X		20, 67, 84
Alight	V		X		X			54
Anna Scholz	V			X	X			55
Asos	V			X	X			21, 68
Atelier GS	V		X				X	21, 68
B								
Be Flirty Dresses	V			X	X			55
Bella Donna Moden	V	X				X		21, 68
Bi Cute	V		X	X	X			55
Big Collection	B							22, 84
Big Cup	V			X	X			46
The Big Gentleman Club	V		X		X			16, 64
Big Size Shop	V		X			X		22, 69
Bigtex	V	X	X		X			16, 64
Black Impressions	V			X	X			48
Bon Prix	V, B	X			X			22-23, 69, 8
Boutique Andrea	B						X	23, 85
Boutique R. Knöbl	B							23-24, 86
Boutique XL - La Grandzza	B							24, 86
Buttinette	V	X	X		X			52

o	V=Versand B=Boutique	€	€€	€€€ + €€€€	☺ + ☺☺	☺☺☺	☺☺☺☺ + ☺☺☺☺☺	Seite
A	V, B	X			X			24, 69, 86
makoma	V		X		X			56
taluna	V		X		X			56
ual Plus	V	X			X			56
rles Vögele	V, B		X			X		25, 70, 87
Chic	V		X		X			57
vesstyle	V		X		X			25, 70
vety	V		X		X			57
vy Girls Clothes	V		X		X			57
oby's Moppelmode	V			X	X			25, 70
signer Curves	V			X	X			58
ssous-Welt	V		X		X			46
ssous XXL	V			X	X			46
mino Dollhouse	V			X	X			58
roty Perkins	V	X			X			58
o	V				X			50
i	V		X	X	X			59
ilia Lay	V		X			X		26, 70
prit	V, B		X		X			26, 71, 87
ans	V		X	X	X	X		26, 59
sch & Pfundig	V			X		X		27, 71
rever 21	V	X	X		X			27, 71
rty Four	B			X		X		27, 87
erry Weber	V			X			X	28, 72

Shop	V=Versand B=Boutique	€	€€	€€€ + €€€€	☺ + ☺☺	☺☺☺	☺☺☺☺ + ☺☺☺☺☺	Seite
H								
H & M	V, B		X		X			28, 72, 8
Happy XL Mode	B							28, 88
Himmlische Mode	V						X	29, 72
Hinke Maximus	V		X	X	X			17, 65
Hirmer	V			X	X			17, 65, 8
HSE 24	V			X		X		29, 73
K								
Kerstin Blau	V			X			X	29, 73
Kik	B	X			X			30, 88
Klingel	V		X			X		30, 73
Krismer Gabriele	B							30, 89
Kruse Fashion XXL	V		X	X	X			18, 65
L								
La Piccolezza	B							31, 89
La Redoute	V		X		X			31, 74
Lady Mary	B							31, 89
Lafanta	V			X	X			50
Land's End	V			X		X		32, 74
Littlewoods Europe	V	X	X		X			59
M								
M Chic	B					X		32, 90
Macy's	V			X	X			60
Marina Rinaldi	B				X			32-33, 90
MAX Übergrößen	V, B		X	X	X			18, 66, 82-8
Maxi Moden Schlitt	V			X			X	19, 66
Maxi Woman	V			X			X	33, 74
Meyermode	V		X			X		33, 74
MFM Jean	B							33-34, 90-9

p	V=Versand B=Boutique	€	€€	€€€ + €€€€	☺ + ☺☺	☺☺☺	☺☺☺☺ + ☺☺☺☺☺	Seite
s Molly	V		X	X	X			46
Rubens	B			X			X	34, 91
de 58	V			X	X			34, 75
de Mollig Chic	B							35, 91
ly Fashion	B							35, 92
chtigall & Lerche	V			X	X			51
wabi	V			X	X			35, 75
ckermann	V	X	X	X	X			36, 75
w Look	V	X	X		X			60
D	V, B	X				X		36, 76, 92
o	V		X		X			36, 76
er Size	V		X		X			19, 66
ndskerl XXL	V	X	X	X	X			19, 66
Antonia	B			X	X		X	37-38, 92-93
allewelt	V			X			X	38, 76
inty Fashion	V			X	X			60
nner Outdoor XXL	V			X	X			49
terladen	V		X		X			48
ckabilly Clothing	V			X	X			49
bens Boutique	V			X	X			39, 77
bensfashion	V			X		X		39, 77
nd Na Und?	B					X		39, 94
Oliver	V, B		X		X			40, 77, 94

Shop	V=Versand B=Boutique	€	€€	€€€ + €€€€	☺ + ☺☺	☺☺☺	☺☺☺☺ + ☺☺☺☺☺	Seite
Style 369	V		X		X			61
Schuller Strick Design	B			X	X			40, 94-9
Sieh an!	V	X					X	40, 78
Simply Big	V							52
Skizzo	B			X		X		41, 95
T								
Takko	B	X			X			41, 95
Teller	B			X		X		51
Tiziana	B			X		X		41, 95
Torrid	V		X		X			61
Trigema	V			X		X		42, 78
U								
Ulla Popken	V, B			X		X		42-43, 78 96-97
W								
Weitschaft	V							50
X								
X-Two	V			X		X		44, 79
XXL Sizes	V			X	X			49
Y								
Yours	V		X		X			61
Z								
Zalando	V	X	X	X	X			44, 79
Ab hier haben Sie Platz für Ihre Lieblingsshops, Ihre eigenen Beurteilungen oder Shops, die ich nich in diesem Buch angeführt habe.								

MODE

Versandhäuser mit Mode nur für Herren

Versanhäuser mit Mode für Damen (und für Damen und Herren)

Boutiqen und Geschäfte nur für Herren

Boutiquen und Geschäfte für Damen (und für Damen und Herren)

Onlineshops mit Mode nur für Herren

Onlineshops mit Mode für Damen (und für Damen und Herren)

MODE NUR FÜR HERREN

12XL SHOP   www.12xl.de

Kategorie: Onlineshop

Angebot: Kleidung

Alter: ☺

Preis: €€

Größe: keine Angabe

Eher düstere Kleidung, Tribal Series, Fashion Wear, Basics, Multipacks, etc.

THE BIG GENTLEMAN CLUB   www.the-big-gentleman-club.de

Kategorie: Onlineshop

Angebot: Kleidung, Schuhe

Alter: ☺

Preis: €€

Größe: keine Angabe

Mode für Freizeit, Business, Beruf, Fest und Maßmode

BIGTEX   www.bigtex.de

Kategorie: Onlineshop

Angebot: Kleidung, Bademode, Accessoires

Alter: ☺☺

Preis: € - €€

Größe: bis 12XL

HINKE MAXIMUS

www.maximus.de

Kategorie:	Onlineshop
Angebot:	Kleidung, Unterwäsche, Accessoires
Alter:	☺
Preis:	€€ - €€€
Größe:	bis 10XL

Nur Markenkleidung

HIRMER

www.hirmer-grosse-groessen.de

Kategorie:	Onlineshop, Geschäft mit 700 m²
Angebot:	Kleidung, Schuhe, Accessoires
Alter:	☺
Preis:	€€€€
Größe:	keine Angabe

Nur Maken und Designer wie Adidas, Aigner, Bogner, Boss, La Coste, Polo Ralph Lauren, etc.

Filialen:

Mariahilferstraße 1a, 1060 Wien

Öffnungszeiten: Mo – Mi: 09:30 – 19:00 Uhr

Do – Fr: 09:30 – 18:00 Uhr

Sa: 09:00 – 18:00 Uhr

KRUSE FASHION XXL

www.krusefashion-xxl.de

Kategorie:	Onlineshop
Angebot:Kleidung,	Anzüge und Sakkos, Accessoires, Bad und Reha, Unterwäsche
Alter:	☺
Preis:	€€ - €€€
Größe:	bis 12XL

MAX ÜBERGRÖSSEN

www.maxmenswear.eu

Kategorie:	Onlineshop, Geschäft
Angebot:	Kleidung, Accessoires
Alter:	☺☺
Preis:	€€ - €€€
Größe:	keine Angabe

Dank Kundenkartei wird man prompt über Sonderangebote informiert

Filialen:

Lerchenfelder Gürtel 41, 1160 Wien

Am Karlauer Gürtel / Triester Straße 14, 8020 Graz

Fürnbergstraße 30, 5020 Salzburg

Öffnungszeiten jeweils: Mo – Fr: 09:00 – 18:00 Uhr

Sa: 09:00 – 17:00 Uhr

Anichstraße 2, 6020 Innsbruck

Öffnungszeiten: Mo – Fr: 09:00 – 18:00 Uhr

Sa: 09:00 – 18:00 Uhr

MAXI MODEN SCHLITT

	www.maxi-moden-schlitt.de
Kategorie:	Onlineshop
Angebot:	Kleidung, Accessoires
Alter:	☺☺☺☺
Preis:	€€ - €€€
Größe:	keine Angabe

OVER SIZE

	www.over-size.de
Kategorie:	Onlineshop
Angebot:	Kleidung, Unterwäsche, Bademode
Alter:	☺
Preis:	€€
Größe:	bis 12XL

PFUNDSKERL XXL

	www.pfundskerl-xxl.de
Kategorie:	Onlineshop
Angebot:	Kleidung, Socken, Accessoires
Alter:	☺
Preis:	€ - €€€
Größe:	bis 8XL

Gewünschte Preise im Shop einstellbar

MODE FÜR DAMEN

(und Damen und Herren)

3 SUISSES

www.3suisses.at

Kategorie:	Katalog, Onlineshop
Angebot:	Kleidung, Schuhe, Accessoires
Alter:	☺
Preis:	€€€
Größe:	bis 58

Teilweise geringe Auswahl an großen Größen, sehr schöne Mode aus Frankreich

ADLER

www.adlermode.com

Kategorie:	Onlineshop, Geschäft
Angebot:	Kleidung, Accessoires
Alter:	☺☺☺
Preis:	€€
Größe:	keine Angabe

Komplette Filialliste auf der Homepage der Firma

ASOS

	www.asos.de
Kategorie:	Onlineshop
Angebot:	Kleidung, Schuhe, Accessoires
Alter:	☺☺
Preis:	€€€
Größe:	keine Angabe
Modelinie für große Größen	Curve

Viele Promis und Stars tragen Kleidung von Asos. Sogar Hollywoodstars am roten Teppich!

ATELIER GS

	www.ateliergs.at
Kategorie:	Katalog, Onlineshop
Angebot:	Kleidung, Schuhe, Accessoires
Alter:	☺☺☺☺
Preis:	€€
Größe:	bis 56

BELLA DONNA MODEN

	www.belladonnamoden.com
Kategorie:	Onlineshop
Angebot:	Kleidung
Alter:	☺☺☺☺
Preis:	€€
Größe:	bis 60 (Damen) und 78 (Herren)

Mit monatlichen Angeboten

BIG COLLECTION

Kategorie:	Geschäft
Angebot:	Kleidung, Accessoires
Alter:	keine Angabe
Preis:	keine Angabe
Größe:	keine Angabe

Filialen:

Rainerstraße 21, 4020 Linz

Tel: 0732-601892

BIG SIZE SHOP

Big-size-shop-de (ohne www.)

Kategorie:	Onlineshop
Angebot:	Kleidung
Alter:	☺☺☺
Preis:	€€
Größe:	keine Angabe

Nur sportliche Mode

BONPRIX

www.bonprix.at

Kategorie:	Katalog, Onlineshop, Geschäft
Angebot:	Kleidung, Schuhe, Accessoires
Alter:	☺☺
Preis:	€ - €€
Größe:	bis 58

3 Euro Gutschein wer seine Bestellung nicht retour schickt. Bei fast allen Artikeln Angaben wie: Körperbetont, Figurumspielend, usw. Regelmäßig Gastdesigner wie Glöökler, Maite Kelly (große Größen) und spezielle Modelinien wie „Austria's Next Topmodel

BOUTIQUE ANDREA

www.boutique-andrea.at

Kategorie: Geschäft

Angebot: Kleidung, Accessoires

Alter: ☺☺☺☺

Preis: keine Angabe

Größe: keine Angabe

BOUTIQUE R. KNÖBL

Kategorie: Geschäft

Angebot: Kleidung, Accessoires

Alter: keine Angabe

Preis: keine Angabe

Größe: keine Angabe

Bietet regelmäßig Modenschauen

BOUTIQUE XL – LA GRANDEZZA

Kategorie:	Geschäft
Angebot:	Kleidung, Accessoires
Alter:	keine Angabe
Preis:	keine Angabe
Größe:	keine Angabe

C&A
www.cunda.at

Kategorie:	Onlineshop, Geschäft
Angebot:	Kleidung, Schuhe, Accessoires
Alter:	☺
Preis:	€
Größe:	bis 56 (Damen) und 82 (Herren)

Gesamte Filialliste auf der Homepage der Firma

CHARLES VÖGELE

www.charles-voegele.at

Kategorie: Onlineshop, Geschäft

Angebot: Kleidung, Accessoires

Alter: ☺☺

Preis: €€

Größe: bis 3XL

Regeläßig Sale, Fashion Card: 5% Bonus auf jeden Einkauf, besondere Angebote

Gesamte Filialliste auf der Homepage der Firma

CURVESSTYLE

www.curvesstyle.com

Kategorie: Onlineshop

Angebot: Kleidung, Schuhe, Accessoires

Alter: ☺

Preis: €€€€

Größe: keine Angabe

DEBBYS MOPPELMODE

www.debbys.de

Kategorie: Onlineshop

Angebot: Kleidung, Accessoires

Alter: ☺☺

Preis: €€€

Größe: keine Angabe

EMILIA LAY

www.emilialay.at

Kategorie:	Katalog, Onlineshop
Angebot:	Kleidung, Schuhe, Accessoires
Alter:	☺☺☺☺
Preis:	€€€
Größe:	bis 54

ESPRIT

www.esprit.at

Kategorie:	Onlineshop, Geschäft
Angebot:	Kleidung, Schuhe, Accessoires
Alter:	☺☺
Preis:	€€
Größe:	bis XXL
Modelinie für große Größen	Collection

Gesamte Filialliste auf der Homepage der Firma

EVANS

www.evansmode.de

Kategorie:	Onlineshop
Angebot:	keine Angabe
Alter:	☺☺☺
Preis:	€€€ - €€€€

Evans liefert aus England und nimmt nur retouren nach England an, die auf eigene Kosten retour gesendet werden müssen. Achtung! Immer eine Größe kleiner als gewöhnlich bestellen, da es bei den Umrechnungen der britischen Größen immer Probleme gibt und somit die falschen Größen (immer zu groß) geschickt werden.

FESCH & PFUNDIG

www.fesch-pfundig.de

Kategorie:	Onlineshop
Angebot:	keine Angabe
Alter:	☺☺☺☺
Preis:	€€€ - €€€€

FOREVER 21

www.forever21.com/EU

Kategorie:	Onlineshop
Angebot:	Kleidung, Schuhe, Beauty, Accessoires
Alter:	☺
Preis:	€ - €€
Größe:	bis 3XL
Modelinie für großen Größen:	Forever 21+

Gibt's auch als Geschäfte, diese führen in Österreich aber keine großen Größen. Sprache umstellbar, Preise (bei deutscher Sprache) in Euro.

FORTY FOUR

www.fortyfour.at

Kategorie:	Geschäft
Angebot:	Kleidung, Accessoires
Alter:	☺☺☺
Preis:	€€€
Größe:	keine Angabe

Gehört zu Tiziana, Modenschau 2x jährlich

Filialen:

Krugerstraße 17, 1010 Wien

Öffnungszeiten: Mo – Fr: 10:00 – 18:00 Uhr

Sa: 10:00 – 17:00 Uhr

GERRY WEBER

www.house-of-gerryweber.at

Kategorie:	Onlineshop
Alter:	☺☺☺
Preis:	€€€ - €€€€
Größe:	bis 54
Modelinie für große Größen	SAMOON

H & M

www.hm.com/at

Kategorie:	Katalog, Onlineshop, Geschäft
Angebot:	Kleidung, Schuhe, Accessoires
Alter:	☺
Preis:	€ - €€
Größe:	bis 54
Modelinie für große Größen	H&M+ - früher BiB

Gesamte Filialliste auf der Homepage der Firma

HAPPY XL MODE – K. MARA

Kategorie:	Geschäft
Angebot:	Kleidung, Accessoires
Alter:	keine Angabe
Preis:	keine Angabe
Größe:	keine Angabe

Filialen:

Pfarrgasse, 7000 Eisenstadt

Tel: 02682-63842

HIMMLISCHE MODE

	www.himmlische-mode.com
Kategorie:	Onlineshop
Angebot:	Kleidung, Schmuck
Alter:	☺☺☺☺
Preis:	keine Angabe
Größe:	keine Angabe

Sehr eintönig, sieht fast alles gleich aus. Sehr weite Oberteile, dünne Stoffe.

HSE 24

	www.hse24.at
Kategorie:	Onlineshop, TV-Shop
Angebot:	Kleidung, Schmuck, Wohnen, Puppen, etc.
Alter:	☺☺☺☺
Preis:	€€€ - €€€€
Größe:	keine Angabe / immer unterschiedlich

KERSTIN BLAU

	www.grosse-groessen.com
Kategorie:	Onlineshop
Angebot:	Kleidung
Alter:	☺☺☺☺
Preis:	€€€
Größe:	bis 64

KIK

www.kik-textilien.at

Kategorie:	Geschäft
Angebot:	Kleidung, Accessoires, Wohnen, etc.
Alter:	☺
Preis:	€
Größe:	keine Angabe

Immer wieder Kollektionen von Verona Pooth

Gesamte Filialliste auf der Homepage der Firma

KLINGEL

www.klingel.at

Kategorie:	Katalog, Onlineshop
Angebot:	Kleidung, Schuhe, Accessoires
Alter:	☺☺☺☺
Preis:	€€
Größe:	keine Angabe

Auch Marken und Designer wie BRAX und Glööckler

KRISMER GABRIELE – MOLLIG MODEN

Kategorie:	Geschäft
Angebot:	Kleidung, Accessoires
Alter:	keine Angabe
Preis:	keine Angabe
Größe:	keine Angabe

Filialen:

Bürgerstraße 7, 6020 Innsbruck

Tel: 0512-584614

LA PICCOLEZZA

Kategorie:	Geschäft
Angebot:	Kleidung, Accessoires
Alter:	keine Angabe
Preis:	keine Angabe
Größe:	keine Angabe

Filialen:

Hetzendorfer Straße 80, 1120 Wien

Tel: 01-8026294

LA REDOUTE

www.laredoute.at

Kategorie:	Katalog, Onlineshop
Angebot:	Kleidung, Schuhe, Accessoires
Alter:	☺☺
Preis:	€€
Größe:	keine Angabe

LADY MARY – MODE FÜR MOLLIGE

Kategorie:	Geschäft
Angebot:	Kleidung, Accessoires
Alter:	keine Angebote
Preis:	keine Angabe
Größe:	keine Angabe

Filialen:

Rathausgasse 11, 8020 Graz

Tel: 05552-33250

LAND'S END

www.landsend.at

Kategorie:	Katalog, Onlineshop
Angebot:	Kleidung, Schuhe, Accessoires
AlteR:	☺☺☺
Preis:	€€€
Größe:	keine Angabe

Hauptsächlich sportlich-klassische Mode (wie Polos).

M CHIC – BIG SIZE FASHION

www.mchic.at

Kategorie:	Geschäft
Angebot:	Kleidung, Accessoires
Alter:	☺☺☺
Preis:	keine Angabe
Größe:	keine Angabe

Eigene Kollektion aber auch Marken wie Samoon, Regelmäßig liegen Gutscheine im Geschäft auf

> **Filialen:**
>
> Citypark 1. OG, Top 49, Lazarettgürtel 55, 8020 Graz
>
> **Öffnungszeiten:** Mo – Fr: 09:00 – 19:30 Uhr
>
> Sa: 09:00 – 18:00 Uhr

MARINA RINALDI

www.marinarinaldi.com

Kategorie:	Geschäft
Angebot:	Kleidung, Accessoires
Alter:	☺
Preis:	keine Angabe
Größe:	keine Angabe

MAXI WOMAN

www.maxi-woman.de

Kategorie:	Onlineshop
Angebot:	Kleidung
Alter:	☺☺☺☺
Preis:	€€€
Größe:	keine Angabe

MEYERMODE

www.meyer-mode.at

Kategorie:	Katalog, Onlineshop
Angebot:	Kleidung, Schuhe, Accessoires
Alter:	☺☺☺☺
Preis:	€€
Größe	44 – 66

MFM JEAN – MODE FÜR MOLLIGE

Kategorie:	Geschäft
Angebot:	Kleidung, Accessoires
Alter:	keine Angabe
Preis:	keine Angabe
Größe:	keine Angabe

MM RUBENS

www.mmrubens.at

Kategorie: Geschäft

Angebot: Kleidung, Accessoires, Unterwäsche

Alter: ☺☺☺☺

Preis: €€€

Größe: keine Angabe

Regelmäßig Abendshopping und Modenschauen

Filialen:

Grazer Gasse 19 – 21, Leibnitz

Öffnungszeiten: Mo – Fr: 09:00 – 12:00 und 14:30 – 18:00 Uhr

                          Sa: 09:00 – 12:00 Uhr

                          Erster Sa im Monat: 09:00 – 16:00 Uhr

MODE 58

www.mode58.de

Kategorie: Onlineshop

Angebot: Kleidung, Accessoires

Alter: ☺☺

Preis: €€€

Größe: keine Angabe

Bis zu minus 70% auf Restposten

MODE MOLLIG CHIC

Kategorie:	Geschäft
Angebot:	Kleidung, Accessoires
Alter:	keine Angabe
Preis:	keine Angabe
Größe:	keine Angabe

Filialen:

Uno-Shopping, Leonding, im Bäckerfeld

Tel: 0732-680469

MOLLY FASHION

Kategorie:	Geschäft
Angebot:	Kleidung, Accessoires
Alter:	keine Angabe
Preis:	keine Angabe
Größe:	keine Angabe

Filialen:

Messinggasse 12, 9900 Lienz

Tel: 04852-69059

NAVABI   www.navabi.de

Kategorie:	Onlineshop
Angebot:	Kleidung, Accessoires
Alter:	☺
Preis:	€€€ - €€€€
Größe:	keine Angabe

Nur Designermode wie zum Beispiel Roberto Cavalli

NECKERMANN

www.neckermann.at

Kategorie:	Katalog, Onlineshop
Angebot:	Kleidung, Schuhe, Accessoires
Alter:	☺
Preis:	€ - €€€ je nach Marke
Größe:	keine Angabe

Neckpotpunkte sammeln, gegen Prämien oder Gutscheine eintauschen.

Auch extra Trachten oder Businessmode in XXL, übersichtlich in Sparten unterteilt

NKD

www.nkd.com

Kategorie:	Onlineshop, Geschäft
Angebot:	Kleidung, Accessoires, Wohnideen, etc.
Alter:	☺☺☺
Preis:	€
Größe:	bis XXL

Immer wieder Modelinien für große Größen

Gesamte Filialliste auf der Homepage der Firma

OTTO

www.ottoversand.at

Kategorie:	Katalog, Onlineshop
Angebot:	Kleidung, Schuhe, Accessoires
Alter:	☺
Preis:	€€
Größe:	keine Angabe

PIA ANTONIA

www.piaantonia.at

Kategorie:	Geschäft
Angebot:	Kleidung, Accessoires
Alter:	☺☺ - ☺☺☺☺☺
Preis:	€€€
Größe:	keine Angabe

Filialen:

Herbert v. Karajan-Platz 5, 5020 Salzburg

Öffnungszeiten: Mo – Fr: 10:00 – 18:00 Uhr

Sa: 10:00 – 16:00 Uhr

Erster Sa im Monat / Festspiel-Samstage: 10:00 – 17:00 Uhr

Anichstraße 20, 6020 Innsbruck

Öffnungszeiten: Mo – Fr: 10:00 – 18:30 Uhr

Sa: 10:00 – 16:00 Uhr

Erster Sa im Monat: 10:00 – 17:00

Burggasse 2, 9020 Klagenfurt

Öffnungszeiten: Mo – Fr: 09:30 – 18:00 Uhr

Sa: 09:30 – 13:00 Uhr

Erster Sa im Monat: 09:30 – 17:00 Uhr

Girardigasse 1 (Hinter der Oper), 8010 Graz

Öffnungszeiten: Mo – Fr: 09:00 – 18:00 Uhr

Sa: 09:00 – 16:00 Uhr

Filialen:

Tuchlauben 13, 1010 Wien

Öffnungszeiten: Mo – Fr: 10:00 – 18:30 Uhr

Sa: 10:00 – 18:00 Uhr

Wolf Dietrich Straße 8, 5020 Salzburg

Öffnungszeiten: Mo – Fr: 09:30 – 18:00 Uhr

Sa: 10:00 – 16:00 Uhr

Erster Sa im Monat: 10:00 – 17:00

Schillerstraße 5, 4020 Linz

Öffnungszeiten: Mo – Fr: 09:30 – 18:00 Uhr

Sa: 10:00 – 16:00 Uhr

PRALLEWELT

www.prallewelt.com

Kategorie:

Onlineshop

Angebot:

Kleidung, Accessoires, Schlüsselbänder, Wandtatoos, Koch-Utensilien, usw.

Alter:

☺☺☺☺

Preis:

€€€€

Größe:

keine Angabe

Von Tine Wittler. Etwas eintönig, da fast nur Kleider und lange Oberteile

Etwas unübersichtlich, da nicht in Shirts, Hosen etc. unterteilt wird, sondern in Stile – zum Beispiel „Hollywood", „Flowerpower", „Green Day", „Geisha" usw.

RUBENS BOUTIQUE

	www.rubensboutique.ch
Kategorie:	Onlineshop
Angebot:	Kleidung, Lingerie, Accessoires
Alter:	☺
Preis:	€€€€
Größe:	keine Angabe

RUBENSFASHION

	www.rubensfashion.de
Kategorie:	Onlineshop
Angebot:	Abendmode, Dessous, Accessoires
Alter:	☺
Preis:	€€€ - €€€€
Größe:	bis 62

Bilder auf der Homepage leider sehr unscharf.

RUND NA UND?

	www.rund-naund.at
Kategorie:	Geschäft
Angebot:	Kleidung und Accessoires
Alter:	☺☺☺
Preis:	keine Angabe
Größe:	keine Angabe

Filialen:

Elisabethstraße 53A, 5020 Salzburg

Öffnungszeiten: Mo – Fr: 09:30 – 18:00 Uhr

Sa: 09:30 – 13:00 Uhr

Am ersten Samstag im Monat: 09:30 – 17:00 Uhr

S. OLIVER

www.soliver.at

Kategorie:	Onlineshop, Geschäft
Angebot:	Kleidung, Accessoires
Alter:	☺☺
Preis:	€€
Größe:	bis 5XL
Modelinie in Übergrößen	Casual Men Big Size

Gesamte Filialliste auf der Homepage der Firma

SCHULLER STRICK-DESIGN

www.schuller-strick-design.at

Kategorie:	Geschäft
Angebot:	Kleidung, Accessoires
Alter:	☺☺
Preis:	€€€ - €€€€
Größe:	keine Angabe

Strickmode und Spezialanfertigungen in Übergrößen

Filialen:

Budinskygasse 28, 1190 Wien

Tel: 01-3204166

SIEH AN!

www.sieh-an.at

Kategorie:	Katalog, Onlineshop
Angebot:	Kleidung, Accessoires
Alter:	☺☺☺☺
Preis:	€ - €€
Größe:	bis 62

Alle Größen 1 Preis

SKIZZO

www.skizzo.at

Kategorie:	Geschäft
Angebot:	Kleidung, Accessoires
Alter:	☺☺☺
Preis:	€€€

Spezielle Angebote zum Beispiel -10% zum Muttertag

Filialen:

Langgasse 10, 4020 Linz

Öffnungszeiten: Mo – Fr: 09:30 – 18:00 Uhr

Sa: 09:30 – 17:00 Uhr

TAKKO

www.takko-fashion.com

Kategorie:	Geschäft
Angebot:	Kleidung, Schmuck, Accessoires
Alter:	☺☺☺
Preis:	€ - €€

Takko bietet eine Kundenkarte (VIP) mit Rabatten.

Gesamte Filialliste auf der Homepage der Firma

TIZIANA

www.tiziana.at

Kategorie:	Geschäft
Angebot;	Kleidung, Accessoires
Alter:	☺☺☺
Preis:	€€€
Größe:	keine Angabe

Filialen:

Kaiserstraße 51 – 53, 1070 Wien

Tel: 01-5261797

TRIGEMA

www.trigema.de

Kategorie:	Onlineshop
Angebot:	Kleidung, Nachtwäsche, Unterwäsche
Alter:	☺☺☺
Preis:	€€€

Bonusprogramm für Stammkunden, einige Kleidungsstücke können selbst gestaltet werden

ULLA POPKEN

www.ullapopken.at

Kategorie:	Katalog, Onlineshop, Geschäft
Angebot:	Kleidung, Accessoires
Alter:	☺☺☺
Preis:	€€€
Größe:	keine Angabe

Lagerabverkauf in Parndorf

Filialen:

Dr. Adolf-Schärf Straße (EKZ Traisenpark, EG), 3100 St. Pölten

Öffnungszeiten: Mo – Mi: 09:00 – 18:30 Uhr

Do – Fr: 09:00 – 19:00 Uhr

Sa: 09:00 – 18:00 Uhr

Innrain 25, Bürgerstraße 2, 6010 Innsbruck

Öffnungszeiten: Mo – Fr: 09:00 – 18:00 Uhr

Sa: 09:00 – 17:00 Uhr

Mcarthurglen, Designer Outlet, 7111 Parndorf, Burgenland

Öffnungszeiten: Mo – Fr: 09:30 – 19:00 Uhr

Sa: 09:00 – 18:00

Filialen:

Shopping City Seiersberg 1 – 7, 8055 Graz-Seiersberg

Sankt Veiter Ring 20, City Arkaden, 9020 Klagenfurt

Öffnungszeiten jeweils: Mo – Fr: 09:30 – 19:30 Uhr

                             Sa: 09:00 – 18:00

Hauptplatz 19, Leoben City, 8700 Leoben

Öffnungszeiten: Mo – Fr: 09:00 – 19:00 Uhr

                             Sa: 09:00 – 18:00 Uhr

Spittelwiese 4, 4020 Linz

Öffnungszeiten: Mo – Fr: 09:00 – 18:00 Uhr

                             Sa: 09:30 – 17:00

Schwarzerstraße 8, 5020 Salzburg

Öffnungszeiten: Mo – Fr: 09:00 – 17:00 Uhr

                             Sa: 09:00 – 16:00 Uhr

Salzburger Straße 223, Shopping Center, 4600 Wels

Öffnungszeiten: Mo – Do: 09:00 – 19:00 Uhr

                             Fr: 09:00 – 20:00 Uhr

                             Sa: 09:00 – 18:00 Uhr

Kärntner Straße 34, ATRIO Villach, 9500 Villach

Öffnungszeiten: Mo – Fr: 09:00 – 19:30 Uhr

                             Sa: 09:00 – 18:00

X-TWO

	www.de.x-two.com
Kategorie:	Onlineshop
Angebot:	Kleidung, Accessoires
Alter:	☺☺☺
Preis:	€€€
Größe:	keine Angabe

ZALANDO

	www.zalando.de
Kategorie:	Onlineshop
Angebot:	Kleidung, Schuhe, Accessoires
Alter:	☺
Preis: Designer	€ - €€€€ je nach Marke und
Größe:	keine Angabe

DESSOUS

Schöne und praktische Dessous für Frauen mit großer Oberweite

Schöne und praktische Dessous für Frauen mit großem Umfang

DESSOUS

BIG CUP

	www.bigcup.de
Kategorie:	Onlineshop
Angebot:	Dessous, Bademoden
Alter:	☺
Preis:	€€€

DESSOUS-WELT

	www.dessous-welt.com
Kategorie:	Onlineshop
Alter:	☺
Preis:	keine Angabe

DESSOUS XXL

	www.dessous-xxl.com
Kategorie:	Onlineshop
Alter:	☺
Preis:	€€€

Mit Outlet auf der Homepage

MISS MOLLY

	www.miss-molly.com
Kategorie:	Onlineshop
Angebot:	Lack- und Lederkleidung, Accessoires, Kostüme
Alter:	☺
Preis:	€€ - €€€

SPEZIALSHOPS

Gothik, Mittelalter und Rockabilly

Outdoor

Weitschaft-Stiefel

Brautmoden, Abendkleider, Ballkleider

Hilfe im Alltag

Fasching, Karneval, Halloween

SPEZIALSHOPS

GOTHIK / MITTELALTER / ROCKABILLY

BLACK IMPRESSIONS

www.black-impressions.de

Kategorie: Onlineshop

Angebot: Kleidung, Schuhe, Accessoires, Oberteile, Kleider, Hosen, Röcke, Jacken und Mäntel sowie alles für den Lifestyle

Alter: ☺☺

Preis: €€€

Modelinie für große Größen: Gothic Angels XXL

RITTERLADEN

www.ritterladen.de

Kategorie: Onlineshop

Angebot: Kleidung, Schuhe, Schmuck, Accessoires, alles für den Lifestyle

Alter: ☺☺

Preis: €€

ROCKABILLY CLOTHING

	www.rockabilly-clothing.de
Kategorie:	Onlineshop
Angebot:	Kleidung, Schuhe, Accessoires
Alter:	☺☺
Preis:	€€€
Größe:	bis 58

OUTDOOR

RENNER OUTDOOR XXXXL

	www.outdoor-renner.de
Kategorie:	Onlineshop
Angebot:	Kleidung, Schuhe, Schlafsäcke
Alter:	☺
Preis:	€€€

100 Tage Rückgaberecht

XXL SIZES

	www.xxl-sizes.de
Kategorie:	Onlineshop
Angebot:	Kleidung, Rucksäcke
Alter:	☺
Preis:	€€€
Größe:	bis 10xl

WEITSCHAFTSTIEFEL

DUO

www.duoboots.com

Kategorie: Onlineshop

Bis Wadenweite 50cm.

WEITSCHAFT

www.weitschaft.de

Kategorie: Onlineshop

Onlineshop hat Pause bis September 2012

BRAUTMODEN / BALLKLEIDER / ABENDKLEIDER

LAFANTA

www.lafanta.com

Kategorie: Onlineshop

Angebot: Abendkleider, Ballkleider, Cocktailkleider, Brautkleider, Hochzeitsmode, Accessoires, Prinzessinnenkleider

Alter: ☺

Preis: €€€

NACHTIGALL & LERCHE

www.nachtigallundlerche.de

Kategorie: Onlineshop

Angebot: Kleidung, Schuhe, Accessoires, Ballkleider, Abendkleider, Brautkleider

Alter: ☺

Preis: €€€€

TELLER

www.teller.at

Kategorie: Geschäft

Angebot: Braut- und Hochzeitsmoden, Anzüge, Abendkleider

Alter: ☺☺☺

Preis: €€€€

Maßanfertigungen möglich

Filialen:

Landstrasser Hauptstrasse 88 – 90, 1030 Wien

Öffnungszeiten: Mo – Do: 09:00 – 18:00 Uhr

Fr: 08:30 – 18: 00 Uhr

Sa: 08:30 – 17:00 Uhr

HILFE IM ALLTAG

SIMPLY BIG

www.simplybig.eu

Kategorie: Onlineshop

Angebot: Aktiv & Draußen (Auto & Flugzeug, Camping, Sport & Fahrrad, Hygiene auf Reisen), Styling (Ringe, Armbänder, Uhrenarmbänder, Hüte & Baseballcaps), Bad (Dusche & Badewanne, Rund um die Toilette, Toilettensitze, Waagen), Zu Hause (Sitzmöbel, Tritterhöhung, Reinigen, Schneiden, Greifen, Betterhöhung, Aufstehhilfe, Haltegriffe, Betten & Matratzen, Liegen), Outfit (Hüte, Caps & Regenponchos, Hosenträger & Gürtel „No-Alarm", Schuhbänder & Einlagen, Strümpfe & Strumpfanzieher, Hilfe beim Anziehen), Wohlfühlen (Blutdruck messen, Waschen & Pflegen, Persönliche Hygiene, Weibliche Hygiene), Mobil sein (Greifer & Beinheber, Gehhilfen & Rollstühle, Haltegriffe)

FASCHING / KARNEVAL / HALLOWEEN

BUTTINETTE

www.buttinette-fasching.at

Kategorie: Katalog, Onlineshop

Angebot: Kostüme, Zubehör, Deko, Schminke

Alter: ☺

Preis: € - €€€

INTERNATIONALE SHOPS

Onlineshops und Versandhäuser aus dem Ausland (ausgenommen Deutschland)

Fremdsprachige Onlineshops und Versandhäuser aus Europa und den USA

Die internationalen Shops bieten hauptsächlich junge Mode

INTERNATIONALE SHOPS

internationale Bekleidungsgrößen

LAND	GRÖSSEN										
	M		L		XL		2XL		3XL		4XL
EU (ausgenommen Italien und Spanien)	40	42	44	46	48	50	52	54	56	58	60	62
UK	12	14	16	18	20	22	24	26	28	30	32	34

Diese Größentabelle ist ein Beispiel und keine 100%ige Garantie. Viele Shops haben ihre eigene Tabelle – bitte beachten Sie diese vor dem Kauf.

ALIGHT   www.alight.com

Kategorie: Onlineshop in Englisch

Angebot: Kleidung, Accessoires

Alter: ☺☺

Preis: €€

Größe: keine Angabe

Preise in US-Dollar (aktuelle Umrechnungskurse beachten)

ANNA SCHOLZ

www.annascholz.com

Kategorie: Onlineshop in Englisch

Angebot: Kleider, Accessoires

Alter: ☺

Preis: €€€€

Größe: keine Angabe

Preise können auf Euro umgestellt werden, nur Designerkleider

BE FLIRTY DRESSES

www.beflirtydresses.com

Kategorie: Onlineshop in Englisch

Angebot: Kleidung, Schmuck, Accessoires

Alter: ☺☺

Preis: €€€€

Größe: keine Angabe

Preise in britischen Pfund (aktuelle Umrechnungskurse beachten)

BI CUTE

www.bicute.nl

Kategorie: Onlineshop in Holländisch

Angebot: Kleidung, Accessoires

Alter: ☺☺

Preis: €€ - €€€

Größe: keine Angabe

Onlineshop ist durchaus verständlich – auch wenn man kein Dänisch spricht.

CARMAKOMA

www.carmakoma.com

Kategorie:	Onlineshop in Dänisch
Angebot:	Kleidung, Accessoires
Alter:	☺☺
Preis:	€€€€
Größe:	keine Angabe

Das Dänisch ist mit etwas Mühe verständlich, kann auf englisch umgestellt werden, Preise können eingestellt werden in Euro

CASTALUNA

www.castaluna.com

Kategorie:	Onlineshop in Französisch
Angebot:	Kleidung, Schuhe, Accessoires
Alter:	☺☺
Preis:	€€€€
Größe:	keine Angabe

CASUAL PLUS

www.casual-plus.com

Kategorie:	Onlineshop in Englisch
Angebot:	Kleidung, Schmuck, Accessoires
Alter:	☺☺, teilweise sehr sexy
Preis:	€ - €€

Preise in US-Dollar (aktuelle Umrechnungskurse beachten)

CITY CHIC

www.citychiconline.com

Kategorie:	Onlineshop in Englisch
Angebot:	Kleidung, Accessoires
Alter:	☺☺
Preis:	€€€
Größe:	keine Angabe

Preise in US-Dollar (aktuelle Umrechnungskurse beachten)

CURVETY

www.curvety.com

Kategorie:	Onlineshop in Englisch
Angebot:	Kleidung, Accessoires
Alter:	☺☺
Preis:	€€€
Größe:	keine Angabe

Preise in US-Dollar oder britischen Pfund (aktuelle Umrechnungskurse beachten)

CURVY GIRLS CLOTHES

www.curvygirlsclothes.co.uk

Kategorie:	Onlineshop in Englisch
Angebot:	Kleidung, Accessoires
Alter:	☺
Preis:	€€
Größe:	bis 36 (UK)

Preise in britischen Pfund (aktuelle Umrechnungskurse beachten), auch Kleidung im Gothic Style.

DESIGNER CURVES

www.designercurves.com

Kategorie:	Onlineshop in Englisch
Angebot:	Kleidung, Accessoires
Alter:	☺☺
Preis:	€€€
Größe:	keine Angabe

Preise in US-Dollar (aktuelle Umrechnungskurse beachten)

DOMINO DOLLHOUSE

www.dominodollhouse.com

Kategorie:	Onlineshop in Englisch
Angebot:	Kleidung, Schmuck, Accessoires
Alter:	☺☺
Preis:	€€€
Größe:	keine Angabe

Preise in US-Dollar (aktuelle Umrechnungskurse beachten), teilweise sehr ausgefallene Mode.

DOROTY PERKINS

www.dorotyperkins.com

Kategorie:	Onlineshop in Englisch
Angebot:	Kleidung, Schuhe, Accessoires
Alter:	☺☺
Preis:	€ - €€
Größe:	keine Angabe

Preise in britischen Pfund (aktuelle Umrechnungskurse beachten)

ELVI

	www.elvi.co.uk
Kategorie:	Onlineshop in Englisch
Angebot:	Kleidung, Accessoires
Alter:	☺
Preis:	€€ - €€€
Größe:	bis 26 (UK)

Preise in britischen Pfund (aktuelle Umrechnungskurse beachten), Preisbereich sowie gewünschte Größe sind einstellbar.

EVANS

	www.evans.co.uk
Kategorie:	Onlineshop in Englisch
Angebot:	Kleidung, Schuhe, Accessoires
Alter:	☺
Preis:	€€
Größe:	bis 36 (UK)

Preise in britischen Pfund (aktuelle Umrechnungskurse beachten), regelmäßig Gastdesigner wie zum Beispiel Beth Ditto oder Kate Moss, Achtung bei Bestellung der Größe (siehe Onlineshops).

LITTLEWOODS EUROPE

	www.littlewoodseurope.com
Kategorie:	Onlineshop in Englisch
Angebot:	Kleidung, Schmuck, Accessoires
Alter:	☺
Preis:	€€ - €€€
Größe:	bis 32 (UK)

Preise in Euro, zu vielen Artikeln gibt es ein Video, Shop führt auch Spielzeug, Geschenke, elektronische Geräte, und mehr.

MACY'S

www.macys.com

Kategorie:	Onlineshop in Englisch
Angebot:	Kleidung, Schuhe, Accessoires
Alter:	☺☺
Preis:	€€€
Größe:	keine Angabe

Preise in US-Dollar (aktuelle Umrechnungskurse beachten)

NEW LOOK

www.newlook.com

Kategorie:	Onlineshop in Englisch
Angebot:	Kleidung, Schuhe, Accessoires
Alter:	☺
Preis:	€ - €€
Größe:	bis 26 (UK)

Preise können auf Euro umgestellt werden

QUINTY FASHION

www.quintyfashion.nl

Kategorie:	Onlineshop in Holländisch
Angebot:	Kleidung
Alter:	☺☺☺
Preis:	€€€
Größe:	keine Angabe

Preise in Euro, Shop ist mit etwas Mühe auf verständlich, wenn man kein Holländisch kann.

STYLE 369

www.style369.com

Kategorie: Onlineshop in Englisch

Angebot: Kleidung, Schuhe, Accessoires

Alter: ☺☺

Preis: €€

Größe: bis 26 (UK)

Gewünschter Preisbereich sowie gewünschte Größe einstellbar.

TORRID

www.torrid.com

Kategorie: Onlineshop in Englisch

Angebot: Kleidung, Accessoires

Alter: ☺

Preis: €€

Größe: keine Angabe

Preise in US-Dollar (aktuelle Umrechnungskurse beachten)

YOURS

www.yoursclothing.co.uk

Kategorie: Onlineshop in Englisch

Angebot: Kleidung, Schuhe, Accessoires

Alter: ☺

Preis: €€

Größe: bis 32 (UK)

Preise umstellbar auf Euro

Notizen

Hier ist Ihr Platz für eigene Notizen

ONLINESHOPS

Onlineshops nur für Herren

Onlineshops für Damen (und Damen und Herren)

ONLINESHOPS NUR FÜR HERREN

12XL SHOP

	www.12xl.de
Angebot:	Kleidung
Alter:	☺
Preis:	€€
Größe:	keine Angabe

Eher düstere Kleidung, Tribal Series, Fashion Wear, Basics, Multipacks, etc.

THE BIG GENTLEMAN CLUB

	www.the-big-gentleman-club.de
Angebot:	Kleidung, Schuhe
Alter:	☺
Preis:	€€
Größe:	keine Angabe

Mode für Freizeit, Business, Beruf, Fest und Maßmode

BIGTEX

	www.bigtex.de
Angebot:	Kleidung, Bademode, Accessoires
Alter:	☺☺
Preis:	€ - €€
Größe:	bis 12XL

HINKE MAXIMUS

www.maximus.de

Angebot: Kleidung, Unterwäsche, Accessoires

Alter: ☺

Preis: €€ - €€€

Größe: bis 10XL

Nur Markenkleidung

HIRMER

www.hirmer-grosse-groessen.de

Angebot: Kleidung, Schuhe, Accessoires

Alter: ☺

Preis: €€€€

Größe: keine Angabe

Nur Maken und Designer wie Adidas, Aigner, Bogner, Boss, La Coste, Polo Ralph Lauren, etc.

KRUSE FASHION XXL

www.krusefashion-xxl.de

Angebot: Kleidung, Anzüge und Sakkos, Accessoires, Bad und Reha, Unterwäsche

Alter: ☺

Preis: €€ - €€€

Größe: bis 12XL

MAX ÜBERGRÖSSEN

	www.maxmenswear.eu
Angebot:	Kleidung, Accessoires
Alter:	☺☺
Preis:	€€ - €€€
Größe:	keine Angabe

Dank Kundenkartei wird man prompt über Sonderangebote informiert

MAXI MODEN SCHLITT

	www.maxi-moden-schlitt.de
Angebot:	Kleidung, Accessoires
Alter:	☺☺☺☺
Preis:	€€ - €€€
Größe:	keine Angabe

OVER SIZE

	www.over-size.de
Angebot:	Kleidung, Unterwäsche, Bademode
Alter:	☺
Preis:	€€
Größe:	bis 12XL

PFUNDSKERL XXL

	www.pfundskerl-xxl.de
Angebot:	Kleidung, Socken, Accessoires
Alter:	☺
Preis:	€ - €€€
Größe:	bis 8XL

Gewünschte Preise im Shop einstellbar

ONLINESHOPS FÜR DAMEN

(und Damen und Herren)

3 SUISSES   www.3suisses.at

Angebot: Kleidung, Schuhe, Accessoires

Alter: ☺

Preis: €€€

Größe: keine Angabe

Teilweise geringe Auswahl an großen Größen, sehr schöne Mode aus
Frankreich

ADLER   www.adlermode.com

Angebot: Kleidung, Accessoires

Alter: ☺☺☺

Preis: €€

Größe: keine Angabe

ASOS

	www.asos.de
Angebot:	Kleidung, Schuhe, Accessoires
Alter:	☺☺
Preis:	€€€
Größe:	keine Angabe
Modelinie für große Größen	Curve

Viele Promis und Stars tragen Kleidung von Asos. Sogar Hollywoodstars am roten Teppich!

ATELIER GS

	www.ateliergs.at
Angebot:	Kleidung, Schuhe, Accessoires
Alter:	☺☺☺☺
Preis:	€€
Größe:	bis 56

BELLA DONNA MODEN

	www.belladonnamoden.com
Angebot:	Kleidung
Alter:	☺☺☺☺
Preis:	€€
Größe:	bis 60 (Damen) und 78 (Herren)

Mit monatlichen Angeboten

BIG SIZE SHOP

Big-size-shop-de (ohne www.)

Angebot: keine Angabe

Alter: ☺☺☺

Preis: €€

Größe: keine Angabe

Nur sportliche Mode

BONPRIX

www.bonprix.at

Angebot: Kleidung, Schuhe, Accessoires

Alter: ☺☺

Preis: € - €€

Größe: bis 58

3 Euro Gutschein wer seine Bestellung nicht retour schickt. Regelmäßig Gastdesigner wie Glöökler, Maite Kelly (große Größen) und spezielle Modelinien wie „Austria's Next Topmodel

C&A

www.cunda.at

Angebot: Kleidung, Schuhe, Accessoires

Alter: ☺

Preis: €

Größe: bis 56 (Damen) und 82 (Herren)

Gesamte Filialliste auf der Homepage der Firma

CHARLES VÖGELE

www.charles-voegele.at

Angebot: Kleidung, Accessoires

Alter: ☺☺

Preis: €€

Größe: bis 3XL

Regeläßig Sale, Fashion Card: 5% Bonus auf jeden Einkauf, besondere Angebote

Gesamte Filialliste auf der Homepage der Firma

CURVESSTYLE

www.curvesstyle.com

Angebot: Kleidung, Schuhe, Accessoires

Alter: ☺

Preis: €€€€

Größe: keine Angabe

DEBBYS MOPPELMODE

www.debbys.de

Angebot: Kleidung, Accessoires

Alter: ☺☺

Preis: €€€

Größe: keine Angabe

EMILIA LAY

www.emilialay.at

Angebot: Kleidung, Schuhe, Accessoires

Alter: ☺☺☺☺

Preis: €€€

Größe: keine Angabe

ESPRIT

www.esprit.at

Angebot:	Kleidung, Schuhe, Accessoires
Alter:	☺☺
Preis:	€€
Größe:	bis XXL
Modelinie für große Größen	Collection

Gesamte Filialliste auf der Homepage der Firma

FESCH & PFUNDIG

www.fesch-pfundig.de

Angebot:	keine Angabe
Alter:	☺☺☺☺
Preis:	€€€ - €€€€
Größe:	keine Angabe

FOREVER 21

www.forever21.com/EU

Angebot:	Kleidung, Schuhe, Beauty, Accessoires
Alter:	☺
Preis:	€ - €€
Größe:	bis 3XL
Modelinie für großen Größen:	Forever 21+

Sprache umstellbar, Preise (bei deutscher Sprache) in Euro.

GERRY WEBER

www.house-of-gerryweber.at

Alter: ☺☺☺

Preis: €€€ - €€€€

Größe: bis 54

Modelinie für große Größen SAMOON

H & M

www.hm.com/at

Angebot: Kleidung, Schuhe, Accessoires

Alter: ☺

Preis: € - €€

Größe: bis 54

Modelinie für große Größen H&M+ - früher BiB

Sortiment wird ständig kleiner, viele Geschäfte bieten diese Ware gar nicht mehr an.

HIMMLISCHE MODE

www.himmlische-mode.com

Angebot: Kleidung, Schmuck

Alter: ☺☺☺☺

Preis: keine Angabe

Größe: keine Angabe

Sehr eintönig, sieht fast alles gleich aus. Sehr weite Oberteile, dünne Stoffe.

HSE 24

	www.hse24.at
Angebot:	Kleidung, Schmuck, Wohnen, Puppen, etc.
Alter:	☺☺☺☺
Preis:	€€€ - €€€€
Größe:	keine Angabe / immer
unterschiedlich	

KERSTIN BLAU

	www.grosse-groessen.com
Kategorie:	Onlineshop
Angebot:	Kleidung
Alter:	☺☺☺☺
Preis:	€€€
Größe:	bis 64

KLINGEL

	www.klingel.at
Angebot:	Kleidung, Schuhe, Accessoires
Alter:	☺☺☺☺
Preis:	€€
Größe:	keine Angabe

Auch Marken und Designer wie BRAX und Glööckler

LA REDOUTE

www.laredoute.at

Angebot:	Kleidung, Schuhe, Accessoires
Alter:	☺☺
Preis:	€€
Größe:	keine Angabe

Bei Abverkauf richtig günstig.

LAND'S END

www.landsend.at

Angebot:	Kleidung, Schuhe, Accessoires
AlteR:	☺☺☺
Preis:	€€€
Größe:	keine Angabe

Hauptsächlich sportlich-klassische Mode (wie Polos).

MAXI WOMAN

www.maxi-woman.de

Angebot:	Kleidung
Alter:	☺☺☺☺
Preis:	€€€
Größe:	keine Angabe

MEYERMODE

www.meyer-mode.at

Angebot:	Kleidung, Schuhe, Accessoires
Alter:	☺☺☺☺
Preis:	€€
Größe	44 – 66

MODE 58

	www.mode58.de
Angebot:	Kleidung, Accessoires
Alter:	☺☺
Preis:	€€€
Größe:	keine Angabe

Bis zu minus 70% auf Restposten

NAVABI

	www.navabi.de
Angebot:	Kleidung, Accessoires
Alter:	☺
Preis:	€€€ - €€€€
Größe:	keine Angabe

Nur Designermode wie zum Beispiel Roberto Cavalli

NECKERMANN

	www.neckermann.at
Angebot:	Kleidung, Schuhe, Accessoires
Alter:	☺
Preis:	€ - €€€ je nach Marke
Größe:	keine Angabe

Neckpotpunkte sammeln, gegen Prämien oder Gutscheine eintauschen.

Auch extra Trachten oder Businessmode in XXL, übersichtlich in Sparten unterteilt

NKD

www.nkd.com

Angebot:	Kleidung, Accessoires, Wohnideen, etc.
Alter:	☺☺☺
Preis:	€
Größe:	bis XXL

Immer wieder Modelinien für große Größen

Vollständige Filialliste auf der Homepage

OTTO

www.ottoversand.at

Angebot:	Kleidung, Schuhe, Accessoires
Alter:	☺
Preis:	€€
Größe:	keine Angabe

PRALLEWELT

www.prallewelt.com

Angebot:	Kleidung, Accessoires, Schlüsselbänder, Wandtatoos, Koch-Utensilien, usw.
Alter:	☺☺☺☺
Preis:	€€€€
Größe:	keine Angabe

Von Tine Wittler. Etwas eintönig, da fast nur Kleider und lange Oberteile

Etwas unübersichtlich, da nicht in Shirts, Hosen etc. unterteilt wird, sondern in Stile – zum Beispiel „Hollywood", „Flowerpower", „Green Day", „Geisha" usw.

RUBENS BOUTIQUE

	www.rubensboutique.ch
Kategorie:	Onlineshop
Angebot:	Kleidung, Lingerie, Accessoires
Alter:	☺
Preis:	€€€€
Größe:	keine Angabe

RUBENSFASHION

	www.rubensfashion.de
Kategorie:	Onlineshop
Angebot:	Abendmode, Dessous, Accessoires
Alter:	☺
Preis:	€€€ - €€€€
Größe:	bis 62

Bilder auf der Homepage leider sehr unscharf.

S. OLIVER

	www.soliver.at
Angebot:	Kleidung, Accessoires
Alter:	☺☺
Preis:	€€
Größe:	bis 5XL
Modelinie in Übergrößen	Casual Men Big Size

SIEH AN!

www.sieh-an.at

Angebot:	Kleidung, Accessoires
Alter:	☺☺☺☺
Preis:	€ - €€
Größe:	bis 62

Alle Größen 1 Preis

TRIGEMA

www.trigema.de

Angebot:	Kleidung, Nachtwäsche, Unterwäsche
Alter:	☺☺☺
Preis:	€€€
Größe:	keine Angabe

Bonusprogramm für Stammkunden, einige Kleidungsstücke können selbst gestaltet werden

ULLA POPKEN

www.ullapopken.at

Angebot:	Kleidung, Accessoires
Alter:	☺☺☺
Preis:	€€€
Größe:	keine Angabe

X-TWO

	www.de.x-two.com
Angebot:	Kleidung, Accessoires
Alter:	☺☺☺
Preis:	€€€
Größe:	keine Angabe

ZALANDO

	www.zalando.de
Angebot:	Kleidung, Schuhe, Accessoires
Alter:	☺
Preis:	€ - €€€€ je nach Marke und
Designer	
Größe:	keine Angabe

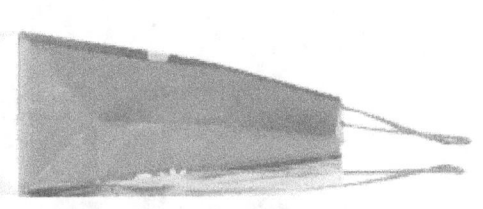

Notizen

Hier ist Ihr Platz für eigene Notizen

BOUTIQUEN UND GESCHÄFTE

Boutiquen und Geschäfte nur für Herren

Boutiquen und Geschäfte für Damen (und für Damen und Herren)

GESCHÄFTE NUR FÜR HERREN

HIRMER

www.hirmer-grosse-groessen.de

Angebot: Kleidung, Schuhe, Accessoires

Alter: ☺

Preis: €€€€

Größe: keine Angabe

Nur Maken und Designer wie Adidas, Aigner, Bogner, Boss, La Coste, Polo Ralph Lauren, etc.

Filialen:

Mariahilferstraße 1a, 1060 Wien

Öffnungszeiten: Mo – Mi: 09:30 – 19:00 Uhr

Do – Fr: 09:30 – 18:00 Uhr

Sa: 09:00 – 18:00 Uhr

MAX ÜBERGRÖSSEN

www.maxmenswear.eu

Angebot: Kleidung, Accessoires

Alter: ☺☺

Preis: €€ - €€€

Größe: keine Angabe

Dank Kundenkartei wird man prompt über Sonderangebote informiert

Filialen:

Lerchenfelder Gürtel 41, 1160 Wien

Öffnungszeiten: Mo – Fr: 09:00 – 18:00 Uhr

Sa: 09:00 – 17:00 Uhr

Am Karlauer Gürtel / Triester Straße 14, 8020 Graz

Öffnungszeiten: Mo – Fr: 09:00 – 18:00 Uhr

Sa: 09:00 – 17:00 Uhr

Fürnbergstraße 30, 5020 Salzburg

Öffnungszeiten: Mo – Fr: 09:00 – 18:00 Uhr

Sa: 09:00 – 17:00 Uhr

Anichstraße 2, 6020 Innsbruck

Öffnungszeiten: Mo – Fr: 09:00 – 18:00 Uhr

Sa: 09:00 – 18:00 Uhr

GESCHÄFTE FÜR DAMEN

(und Damen und Herren)

ADLER

	www.adlermode.com
Angebot:	Kleidung, Accessoires
Alter:	☺☺☺
Preis:	€€
Größe:	keine Angabe

Mode in großen Größen für Damen und Herren.

Komplette Filialliste auf der Homepage der Firma

BIG COLLECTION

Angebot:	Kleidung, Accessoires
Alter:	keine Angabe
Preis:	keine Angabe
Größe:	keine Angabe

Filialen:

Rainerstraße 21, 4020 Linz

Tel: 0732-601892

BONPRIX

www.bonprix.at

Angebot: Kleidung, Schuhe, Accessoires

Alter: ☺☺

Preis: € - €€

Größe: bis 58

3 Euro Gutschein wer seine Bestellung nicht retour schickt. Bei fast allen Artikeln Angaben wie: Körperbetont, Figurumspielend, usw. Regelmäßig Gastdesigner wie Glöökler, Maite Kelly (große Größen) und spezielle Modelinien wie „Austria's Next Topmodel

Filialen:

Dr. Reinhard Machold 3, 8642 St. Lorenz / Mürztal

Stadionstraße 42, 2700 Wiener Neustadt

Öffnungszeiten jeweils: Mo – Fr: 09:00 – 18:30 Uhr

Sa: 09:00 – 17:00 Uhr

Wasserwerkstraße 30, 8430 Leibnitz

Öffnungszeiten: Mo – Fr: 09:00 – 19:00 Uhr

Sa: 09:00 – 18:00 Uhr

BOUTIQUE ANDREA

www.boutique-andrea.at

Angebot: Kleidung, Accessoires

Alter: ☺☺☺☺

Preis: keine Angabe

Größe: keine Angabe

Filialen:

Rosengasse, 6060 Hall in Tirol

Tel: 05223-55663

BOUTIQUE R. KNÖBL

Angebot: Kleidung, Accessoires

Alter: keine Angabe

Preis: keine Angabe

Größe: keine Angabe

Bietet regelmäßig Modenschauen

Filialen:

Landstrasser Hauptstraße 71/L-Passage, 1030 Wien

Tel: 01-7188662

BOUTIQUE XL – LA GRANDEZZA

Angebot: Kleidung, Accessoires

Alter: keine Angabe

Preis: keine Angabe

Größe: keine Angabe

Filialen:

Erzherzog-Rainer-Ring 10, 2500 Baden bei Wien

Tel: 02252-44225

C&A   www.cunda.at

Angebot: Kleidung, Schuhe, Accessoires

Alter: ☺

Preis: €

Größe: bis 56 (Damen) und 82 (Herren)

Gesamte Filialliste auf der Homepage der Firma

CHARLES VÖGELE

www.charles-voegele.at

Angebot:	Kleidung, Accessoires
Alter:	☺☺
Preis:	€€
Größe:	bis 3XL

Regeläßig Sale, Fashion Card: 5% Bonus auf jeden Einkauf, besondere Angebote

Gesamte Filialliste auf der Homepage der Firma

ESPRIT

www.esprit.at

Angebot:	Kleidung, Schuhe, Accessoires
Alter:	☺☺
Preis:	€€
Größe:	bis XXL
Modelinie für große Größen	Collection

Gesamte Filialliste auf der Homepage der Firma

FORTY FOUR

www.fortyfour.at

Angebot:	Kleidung, Accessoires
Alter:	☺☺☺
Preis:	€€€
Größe:	keine Angabe

Gehört zu Tiziana, Modenschau 2x jährlich

Filialen:

Krugerstraße 17, 1010 Wien

Öffnungszeiten: Mo – Fr: 10:00 – 18:00 Uhr

Sa: 10:00 – 17:00 Uhr

H & M

	www.hm.com/at
Angebot:	Kleidung, Schuhe, Accessoires
Alter:	☺
Preis:	€ - €€
Größe:	bis 54
Modelinie für große Größen	H&M+ - früher BiB

Sortiment wird ständig kleiner, viele Geschäfte bieten diese Ware gar nicht mehr an.

Gesamte Filialliste auf der Homepage der Firma

HAPPY XL MODE – K. MARA

Angebot:	Kleidung, Accessoires
Alter:	keine Angabe
Preis:	keine Angabe
Größe:	keine Angabe

> **Filialen:**
>
> Pfarrgasse, 7000 Eisenstadt
>
> **Tel:** 02682-63842

KIK

	www.kik-textilien.at
Angebot:	Kleidung, Accessoires, Wohnen
Alter:	☺
Preis:	€
Größe:	keine Angabe

Immer wieder Kollektionen von Verona Pooth

Gesamte Filialliste auf der Homepage der Firma

KRISMER GABRIELE – MOLLIG MODEN

Angebot: Kleidung, Accessoires

Alter: keine Angabe

Preis: keine Angabe

Größe: keine Angabe

Filialen:

Bürgerstraße 7, 6020 Innsbruck

Tel: 0512-584614

LA PICCOLEZZA

Angebot: Kleidung, Accessoires

Alter: keine Angabe

Preis: keine Angabe

Größe: keine Angabe

Filialen:

Hetzendorfer Straße 80, 1120 Wien

Tel: 01-8026294

LADY MARY – MODE FÜR MOLLIGE

Angebot: Kleidung, Accessoires

Alter: keine Angebote

Preis: keine Angabe

Größe: keine Angabe

Filialen:

Rathausgasse 11, 8020 Graz

Tel: 05552-33250

M CHIC – BIG SIZE FASHION   www.mchic.at

Angebot:	Kleidung, Accessoires
Alter:	☺☺☺
Preis:	keine Angabe
Größe:	keine Angabe

Eigene Kollektion aber auch Marken wie Samoon, Regelmäßig liegen Gutscheine im Geschäft auf

Filialen:

Citypark 1. OG, Top 49, Lazarettgürtel 55, 8020 Graz

Öffnungszeiten: Mo – Fr: 09:00 – 19:30 Uhr

Sa: 09:00 – 18:00 Uhr

MARINA RINALDI   www.marinarinaldi.com

Angebot:	Kleidung, Accessoires
Alter:	☺
Preis:	keine Angabe
Größe:	keine Angabe

Filialen:

Kärntnerstraße 19, Steffl (2. Stock), 1010 Wien

Öffnungszeiten: Mo – Mi: 09:30 – 19:00 Uhr

Do, Fr: 09:30 – 20:00 Uhr

Sa: 09:30 – 18:00 Uhr

MFM JEAN – MODE FÜR MOLLIGE

Angebot:	Kleidung, Accessoires
Alter:	keine Angabe
Preis:	keine Angabe
Größe:	keine Angabe

MM RUBENS

www.mmrubens.at

Angebot:

Kleidung, Accessoires, Unterwäsche

Alter:

☺☺☺☺

Preis:

€€€

Größe:

keine Angabe

Regelmäßig Abendshopping und Modenschauen

Filialen:

Grazer Gasse 19 – 21, Leibnitz

Öffnungszeiten: Mo – Fr: 09:00 – 12:00 und 14:30 – 18:00 Uhr

Sa: 09:00 – 12:00 Uhr

Am ersten Samstag im Monat: 09:00 – 16:00 Uhr

MODE MOLLIG CHIC

Angebot:

Kleidung, Accessoires

Alter:

keine Angabe

Preis:

keine Angabe

Größe:

keine Angabe

Filialen:

Uno-Shopping, Leonding, im Bäckerfeld

Tel: 0732-680469

MOLLY FASHION

Angebot:	Kleidung, Accessoires
Alter:	keine Angabe
Preis:	keine Angabe
Größe:	keine Angabe

> **Filialen:**
>
> Messinggasse 12, 9900 Lienz
>
> **Tel:** 04852-69059

NKD

www.nkd.com

Angebot:	Kleidung, Accessoires, Wohnideen
Alter:	☺☺☺
Preis:	€
Größe:	bis XXL

Immer wieder Modelinien für große Größen

Gesamte Filialliste auf der Homepage der Firma

PIA ANTONIA

www.piaantonia.at

Angebot:	Kleidung, Accessoires
Alter:	☺☺ - ☺☺☺☺☺
Preis:	€€€
Größe:	keine Angabe

> **Filialen:**
>
> Schillerstraße 5, 4020 Linz
>
> **Öffnungszeiten:** Mo – Fr: 09:30 – 18:00 Uhr
>
> Sa: 10:00 – 16:00 Uhr

Filialen:

Anichstraße 20, 6020 Innsbruck

Öffnungszeiten: Mo – Fr: 10:00 – 18:30 Uhr

                    Sa: 10:00 – 16:00 Uhr

                    Erster Sa im Monat: 10:00 – 17:00

Wolf Dietrich Straße 8, 5020 Salzburg

Öffnungszeiten: Mo – Fr: 09:30 – 18:00 Uhr

                    Sa: 10:00 – 16:00 Uhr

                    Erster Sa im Monat: 10:00 – 17:00

Burggasse 2, 9020 Klagenfurt

Öffnungszeiten: Mo – Fr: 09:30 – 18:00 Uhr

                    Sa: 09:30 – 13:00 Uhr

                    Erster Sa im Monat: 09:30 – 17:00 Uhr

Girardigasse 1 (Hinter der Oper), 8010 Graz

Öffnungszeiten: Mo – Fr: 09:00 – 18:00 Uhr

                    Sa: 09:00 – 16:00 Uhr

Herbert v. Karajan-Platz 5, 5020 Salzburg

Öffnungszeiten: Mo – Fr: 10:00 – 18:00 Uhr

                    Sa: 10:00 – 16:00 Uhr

                    Erster Sa im Monat / Festspiel-Samstage: 10:00 – 17:00 Uhr

Tuchlauben 13, 1010 Wien

Öffnungszeiten: Mo – Fr: 10:00 – 18:30 Uhr

RUND NA UND?

www.rund-naund.at

Angebot:	Kleidung und Accessoires
Alter:	☺☺☺
Preis:	keine Angabe
Größe:	keine Angabe

Filialen:

Elisabethstraße 53A, 5020 Salzburg

Öffnungszeiten: Mo – Fr: 09:30 – 18:00 Uhr

Sa: 09:30 – 13:00 Uhr

Erster Sa im Monat: 09:30 – 17:00 Uhr

S. OLIVER

www.soliver.at

Angebot:	Kleidung, Accessoires
Alter:	☺☺
Preis:	€€
Größe:	bis 5XL
Modelinie in Übergrößen	Casual Men Big Size

Gesamte Filialliste auf der Homepage der Firma

SCHULLER STRICK-DESIGN

www.schuller-strick-design.at

Angebot:	Kleidung, Accessoires
Alter:	☺☺
Preis:	€€€ - €€€€
Größe:	keine Angabe

Strickmode und Spezialanfertigungen in Übergrößen

SKIZZO

www.skizzo.at

Angebot:

Kleidung, Accessoires

Alter:

☺☺☺

Preis:

€€€

Spezielle Angebote zum Beispiel -10% zum Muttertag

Filialen:

Langgasse 10, 4020 Linz

Öffnungszeiten: Mo – Fr: 09:30 – 18:00 Uhr

Sa: 09:30 – 17:00 Uhr

TAKKO

www.takko-fashion.com

Angebot:

Kleidung, Schmuck, Accessoires

Alter:

☺☺☺

Preis:

€ - €€

Takko bietet eine Kundenkarte (VIP) mit Rabatten.

Gesamte Filialliste auf der Homepage der Firma

TIZIANA

www.tiziana.at

Angebot;

Kleidung, Accessoires

Alter:

☺☺☺

Preis:

€€€

Größe:

keine Angabe

Filialen:

Kaiserstraße 51 – 53, 1070 Wien

Tel: 01-5261797

ULLA POPKEN

www.ullapopken.at

Angebot:	Kleidung, Accessoires
Alter:	☺☺☺
Preis:	€€€
Größe:	keine Angabe

Lagerabverkauf in Parndorf

Filialen:

Mcarthurglen, Designer Outlet, 7111 Parndorf, Burgenland

Öffnungszeiten: Mo – Fr: 09:30 – 19:00 Uhr

Sa: 09:00 – 18:00

Shopping City Seiersberg 1 – 7, 8055 Graz-Seiersberg

Öffnungszeiten: Mo – Fr: 09:30 – 19:30 Uhr

Sa: 09:00 – 18:00 Uhr

Innrain 25, Bürgerstraße 2, 6010 Innsbruck

Öffnungszeiten: Mo – Fr: 09:00 – 18:00 Uhr

Sa: 09:00 – 17:00 Uhr

Sankt Veiter Ring 20, City Arkaden, 9020 Klagenfurt

Öffnungszeiten: Mo – Fr: 09:30 – 19:30 Uhr

Sa: 09:00 – 18:00

Spittelwiese 4, 4020 Linz

Öffnungszeiten: Mo – Fr: 09:00 – 18:00 Uhr

Sa: 09:30 – 17:00

Filialen:

Kärntner Straße 34, ATRIO Villach, 9500 Villach

Öffnungszeiten: Mo – Fr: 09:00 – 19:30 Uhr

Sa: 09:00 – 18:00

Salzburger Straße 223, Shopping Center, 4600 Wels

Öffnungszeiten: Mo – Do: 09:00 – 19:00 Uhr

Fr: 09:00 – 20:00 Uhr

Sa: 09:00 – 18:00 Uhr

Dr. Adolf-Schärf Straße (EKZ Traisenpark, EG), 3100 St. Pölten

Öffnungszeiten: Mo – Mi: 09:00 – 18:30 Uhr

Do – Fr: 09:00 – 19:00 Uhr

Sa: 09:00 – 18:00 Uhr

Hauptplatz 19, Leoben City, 8700 Leoben

Öffnungszeiten: Mo – Fr: 09:00 – 19:00 Uhr

Sa: 09:00 – 18:00 Uhr

Schwarzerstraße 8, 5020 Salzburg

Öffnungszeiten: Mo – Fr: 09:00 – 17:00 Uhr

Sa: 09:00 – 16:00 Uhr

Notizen

Hier ist Ihr Platz für eigene Notizen

MEINE LIEBLINGSSHOPS

Shop	Online, Versand	Zufriedenheit, Infos, Beurteilung	Seite

ZUM SCHLUSS

An dieser Stelle möchte ich mich herzlich bei Ihnen für den Kauf dieses Buchs bedanken! Ich freue mich sehr, dass der „Plus-Size Shopping-Guide" Ihnen helfen darf, leichter passende Kleidung zu finden – denn genau dafür wurde er gemacht!

Die Suche nach passender und hübscher Kleidung in großen Größen hat mich jahrelang fast zur Verzweiflung gebracht. Ich war immer auf der Suche nach hübscher, junger Kleidung in passenden Größen und in einem leistbaren Preisbereich. Das Problem kennen auch viele meiner Freunde, was mich dazu bewegt hat, dieses Buch zu schreiben.

Ich hoffe der Shopping-Guide hat Ihren Erwartungen entsprochen und Sie sind schon fleißig am Shoppen. Egal ob alleine, oder in Begleitung: Shoppen macht definitiv mehr Spaß, wenn man findet, was man sucht.

Der „Plus-Size Shopping-Guide", den Sie gerade in Ihren Händen halten, ist der erste und bisher einzige Einkaufsführer dieser Art. Bitte helfen Sie mit, diesen Guide zu verbessern. Schicken Sie mir Ihre Ideen, Vorschläge, Kritik, Anregungen, Erfahrungsberichte und alles was Ihnen einfällt, was dieses Buch noch besser machen könnte.

Besuchen Sie mich auf meiner Homepage:
www.sunnierae.com

Schauen Sie doch einmal auf meiner Facebookseite vorbei:
www.facebook.com/pages/Sunnie-Rae/157655670199

Oder folgen Sie mir auf Twitter:
twitter.com/rae_sunnie

Ich freue mich schon auf Ihren Besuch.

In dieser Reihe auch erhältlich: „Plus-Size Shopping-Guide Deutschland"